그림이 시를 쓰다 3
채워지지 않은 잔이 더 아름답다

채워지지 않은 잔이 더 아름답다
이정옥 시집

초판 인쇄 2021년 12월 10일
초판 발행 2021년 12월 15일

지은이   이정옥
편집자   이미숙
펴낸곳   신아출판사
출판등록 제465-1984-000004호
주 소   서울특별시 종로구 삼일대로 32길 36 운현신화타워 305호
전 화   (02)3675-3885, (063) 275-4000
팩 스   (063) 274-3131
이메일   sina321@hanmail.net

값 12,000원

ⓒ 이정옥 2021 Printed in Republic of Korea

ISBN 979-11-5605-473-3

* 이 책은 신아출판사와 저작권자와의 계약에 따라 발행한 것이므로 본사의 허락 없이는 어떠한 형태나 수단으로도 이 책의 내용을 이용하지 못합니다.

* 잘못된 책은 바꾸어 드립니다.

그림이 시를 쓰다 3

채워지지 않은 잔이 더 아름답다

이 정 옥 시집

차 한잔 마시며 시 한 편 읽기
세계 명화 名畫 64편으로 펼치는 시화전 詩畫展

신아출판사

시의 주제 존 칼콧 호슬리 1817-1903 영국

| 序詩 |

애간장 녹아내려

인생은 애간장이다
시詩도 애간장이다
사랑도 꿈도
애타는 기다림이다

온다는 기별 감감인 그대는
어디쯤 오고 있는가?

아, 잊지 않았구나!
약속한 그림책을 들고
그대가 도착했구나

기다림의 애간장 녹아내려
그대 그림이 시詩가 되다.

□ 차례

1. 빈 잔에 축복을

| 序詩 | 애간장 녹아내려　　　　　　　4
나무의 삶　　　　　　　　　　　12
쉰 번째 생일날 아침에 1　　　　14
쉰 번째 생일날 아침에 2　　　　16
날개　　　　　　　　　　　　　18
빈 잔에 축복을 1　　　　　　　20
빈 잔에 축복을 2　　　　　　　22
뻐꾹새를 찾아　　　　　　　　24
자작나무　　　　　　　　　　　26
채워지지 않은 잔이　　　　　　28
삼월　　　　　　　　　　　　　30
어머님, 당신은　　　　　　　　32
바람의 노래　　　　　　　　　34
소리 1　　　　　　　　　　　　36
소리 2　　　　　　　　　　　　38
혼자서　　　　　　　　　　　　40

2. 서른셋 나이로

환희	44
결국 나는 1	46
결국 나는 2	48
폭포의 노래	50
서른셋 나이로 1	52
서른셋 나이로 2	54
공 던지는 소년에게	56
갈멜 수도원 - 청빈	58
갈멜 수도원 - 침묵	60
갈멜 수도원 - 종과終課	62
그때부터	64
내일 누군가를 만나면 - 인생	66
내일 누군가를 만나면 - 인연	68
내일 누군가를 만나면 - 일엽편주	70
내일 누군가를 만나면 - 그대의 신	72

3. 거문고 산조散調

가을이면 가을마다	76
낙엽은	78
거문고 산조散調 - 길손	80
거문고 산조散調 - 암자 이름	82
거문고 산조散調 - 행여	84
거문고 산조散調 - 어인 맘	86
오랜 세월	88
뜬구름	90
가을꽃 소녀에게	92
잃어버린 고향 1	94
잃어버린 고향 2	96
지금은 나도	98
이해하실 거야	100
나목처럼	102
두려움 없이	104

4. 슬픈 기억

때를 놓치고	108
시인이 떠나면	110
이 바람은?	112
사슴목장에서	114
눈 내린 날 아침	116
슬픈 기억 – 그때 누구와	118
슬픈 기억 – 그때 어디에	120
사회부 K기자	122
K기자의 주정酒酊	124
이 시대의 이별	126
재판	128
도시로 떠난 소녀에게 1	130
도시로 떠난 소녀에게 2	132
낚시꾼의 기다림	134

책 끝에: 그림으로 쉼표를 찍다

하나를 가진 저들 기쁨은
하나에 감사하는 마음에 있고
아홉을 가진 우리 고통은
하나의 부족을 느낄 때 자랍니다

하나여서 소중하고
하나에 감사하는
저들의 빈 잔에 축복을 내리소서.

1
빈 잔에 축복을

우화 ; 봄 마리아노 마엘라 1739-1819 스페인

젊은 농부의 초상 아마데오 모딜리아니 1884-1920 이탈리아

나무의 삶

문설주로 서고
서까래로 누우려
나무는
목수의 톱질을 참는다

타들어 가고 삭아 내리면서
나무는
죽음으로 영원을 노래한다

낮은 자가 지키는 지순함으로
작은 자가 누리는 소박함으로
생명의 춤을 추는 신비한 몸짓

여기
신이 빚은 작은 들꽃
나무의 삶을 사는 농부가 있다.

해질녘 노을 요한 하인리히 보겔러 1872-1942 독일, 1900

쉰 번째 생일날 아침에 1

왜 아직도
벚나무 세 그루나 심고도 쓸쓸한지
한 계절 두 벌 옷으로 만족을 못 하는지

왜 아직도
늙지 않으려 비타민을 먹는지
내일을 염려하여 지전紙錢을 세는지
사소한 두려움을 겹겹이 껴안고
낮이나 밤이나 전전긍긍하는지

다락방 한 칸
녹슨 난로 하나
통나무 식탁 위 잠언서箴言書 한 권

왜 아직도
빈손의 가벼움에 다가서지 못하는지
하느님 제발 대답 좀 하소서.

거울 앞에서 마렌 프롤리히 1868-1921 미국, 1911

쉰 번째 생일날 아침에 2

왜 아직도
당신 발등에 이리저리 금을 긋고
내 땅이라 우기며 얼굴을 붉히는지

왜 아직도
출입문 기둥에 문패를 달고
새장에 갇힌 앵무새가 되었는지

마음이 꽃이면
천지가 꽃밭인 것을

왜 아직도
소유욕에 발목이 잡혀
날지 못하는지
하느님 제발 대답 좀 하소서.

새들을 그리다   프란츠 드보라크 1862-1927 오스트리아

날개

지축을 흔드는 느린 몸짓으로
한껏 높이 날아오르는
백조의 비상飛上은 장엄莊嚴하다

찔레꽃 가시에 대롱대롱 매달린
애벌레의 설움인들 못 견디리
묵은 등걸에 둥지를 트는
들새의 가난인들 못 버티리

뱃머리 꽃으로 유유히 나는
갈매기 노래가 아닌들 어떠리
작고 여리고 보잘것없어도
날개가 있는 것은 모두 아름답다.

소박한 아침식사   조지 윌리엄 조이 1844-1925 영국, 1900

빈 잔에 축복을 1

무명 단치마
인조 홑저고리
나들이옷 한 벌에 감사하는
우리 이웃을 기억하소서

보리떡 한 조각
된장국 한 그릇
썰렁한 아침상에 감사하는
우리 이웃을 기억하소서

하나를 가진 저들 기쁨은
하나에 감사하는 마음에 있고
아홉을 가진 우리 슬픔은
하나의 부족을 느낄 때 자랍니다

하나여서 소중하고 하나에 감사하는
저들의 빈 잔에 축복을 내리소서.

어부와 딸 찰스 웹스트 호손 1872-1930 미국

빈 잔에 축복을 2

마른 땅에 버티어선
한 떨기 꽃처럼

장마철에 떠오르는
한 줄기 햇살처럼

주어진 소명에 충실한
저들의 신념을 강인케 하소서

맑은 영혼으로 서로를 아끼는
저들의 빈 잔에 축복을 내리소서.

새의 노래 페렌치 카롤리 1862-1917 헝가리, 1893

뻐꾹새를 찾아

찔레꽃 만발한 유월
그대여 우리 뻐꾹새를 찾아
전나무 숲으로 가자

뻐꾹새 울음은
순수가 순수를 만나
아름다움이고 싶은 울음

아름다움이 아름다움을 만나
사랑이고 싶은 울음

우리네 삶도
뻐꾹새 울음인 것을

그대여 우리 전나무 숲에서
뻐꾹새로 만나자.

작은 나무 에곤 실레 1890-1918 오스트리아, 1912

자작나무

그대는 늘 푸른 소나무로 서라
그대 발치에 우러르고 선
나는 여린 자작나무로 서리라

그대 발등에 낙엽으로 쌓여
썩어서 재가 되고
죽어서 바람 되어
언 땅 녹이는 열기가 되리라

사랑은 죽음처럼
절박한 참회

죽음은 사랑처럼
고귀한 언약

그대는 늘 푸른 소나무로 서서
내 죽음을 아름답게 기억하라.

분수에서 앙리 피에르 피쿠 1824-1895 프랑스, 1880

채워지지 않은 잔이

기쁨으로 우리 잔이 가득 차면
벗과 나누게 하시고
포도주로 우리 잔이 가득 차면
이웃과 나누게 하소서

원망이
고운 잔을 넘보지 말게 하시고
탐욕이
맑은 잔을 더럽히지 말게 하소서

채워지지 않은 잔이
더 아름다움을
이제야 깨닫나이다.

분홍 소녀 미하일 네스네로프 1862-1942 러시아

삼월

백목련 지고 제비꽃 입술 열면
앞산도 활짝 문을 열어
겨우내 품어온 산새를 날린다

보슬비 한차례 땅을 적시면
망아지는 두렁을 헤집으며
어미를 보채고
코뚜레에 코가 꿰인 어미 소는
눈시울이 젖은 채 이랑을 짓는다

삼월이 문을 열면
대지가 속살을 드러내고
부드러운 가슴에 씨앗을 품는다.

집으로 가는 길 앙드레 앙리 다르겔라 1828-1906 프랑스, 1886

어머님, 당신은

어머님, 당신은
온갖 아픔은 밤사이 사르고
새벽이면 다시 피는 함수초含羞草였습니다

만주벌로 동서 식구 떠난 뒤
왜병 구둣발에 대청 짓밟히고
놋촛대 놋그릇 징발당해도
9년간 소복으로 상청喪廳에 불 밝힌
가문을 지킨 파수꾼이었습니다

전신주 지나갈 때 금가락지 팔며
개화기 드센 물결 헤쳐온
당신의 여든일곱 성상星霜은
아픈 세월의 기억이었습니다

당신이 두고 간 빈자리가
우리를 한없이 서럽게 합니다.

꽃바람 존 윌리엄 워터하우스 1849-1917 영국, 1902

바람의 노래

낭랑한 목소리로 꽃잎을 여는
우리는 바람의 노래라야 한다

황량한 벌판에 쓰러질
한 포기 들풀의 허망함일지라도
우리는 바람의 꿈이라야 한다

외로운 유랑인流浪人의 길동무
바람개비처럼
어느 날 길숲에 버려져도
바람의 흔적은 아름다우리.

공원 벤치에서　프레더릭 퍼스먼 1874-1943 미국

소리 1

산모퉁이 돌아서는 기적소리
영원의 손짓 같은 소리
소리를 들어보았는지?

서풍 몰아칠 때
갈잎 서걱대는 소리

늦가을 찬 하늘에
기러기 떼 나는 소리

그대여 나를 용서하라
가을날 기적소리 들리면
숲을 가로질러
계곡을 가로질러
작별의 말도 없이 떠나는 나를.

해변의 여인 장 루이 포랭 1852-1931 프랑스, 1885

소리 2

안개비 내리는 가을 저녁
너울처럼 휘날리는 목쉰 소리
소리를 들어보았는지?

돛대 위를 떠도는
갈매기 울음소리

작별을 재촉하는
뱃고동 소리

그대여 나를 용서하라
이 소리 들리면
마파람을 가르고
선창船艙을 달려
작별의 말도 없이 떠나는 나를.

고독 프레더릭 레이턴 1830-1896 영국, 1890

혼자서

여름, 긴 낮
산 열매 익는 소리를 혼자 듣는다
겨울, 긴 밤
숲이 우는 소리를 혼자 듣는다

안개 속에 꿈을 깨는 봄날 아침
꽃잎 열리는 소리를 혼자 듣는다
찬 서리 내리는 가을날 저녁
풀벌레 우는 소리를 혼자 듣는다

인생은 서럽도록 덧없지만
혼자라야 들리는 소리 있어
삶은 여전히 아름답다

가을비 내리는 소리를 혼자 듣는다
고드름 녹는 소리를 혼자 듣는다.

마음이 의로운 이는 아는도다
용서하는 이의 아름다운 부활을
내어놓는 이의 경이로운 승천을

가시관을 쓰고 십자가에 못 박혀
어떻게 알았을까?
이 빛나는 자유를.

2
서른셋 나이로

우화 ; 여름 마리아노 마엘라 1739-1819 스페인

여름, 숲속 즐거움 필립 칼데론 1833-1896 영국, 1882

환희

숲을 흔드는 초여름 미풍은
누가 보내는
상쾌한 미소일까?

가슴을 울리는 늦가을 빗소리는
누가 부르는
구슬픈 노래일까?

고백이 우정을 깊게 하고
용서가 상처를 아물게 하니
누가 세운 율법일까?

눈부시고 벅찬 순간들
고요 속에 떠오르는 이 환희는
누가 내게 내린 은총일까?

붉은 가을 시어도어 로빈슨 1852-1896 미국, 1885

결국 나는 1

춤추고 노래하며 삶을 찬미하는
예술가의 영감은 아름답습니다

망망대해茫茫大海에 배를 띄우는
탐험가의 용기도 아름답습니다

구슬땀 흘리며 쟁기질하는
화전민의 인내도 아름답습니다

무한한 우주
심오한 영혼

결국 나는
세상 아름다움에 놀라
당신을
사랑하지 않을 수 없습니다.

녹색 나비 앨버트 무어 1841-1893 영국

결국 나는 2

목성의 소식을 기다리며
과학자를 존경합니다
우주의 비밀에 도전하는
그의 열정에 가슴이 뜁니다

영혼의 신비에 귀 기울이는
영성가靈性家를 존경합니다
그가 남긴 잠언은
가슴 적시는 감로수입니다

나비가 춤을 추며
내게로 왔습니다

결국 나는
세상 만물에 의미를 부여한
당신을
사랑하지 않을 수 없습니다.

절벽에서 찰스 커란 1861-1942 미국, 1918

폭포의 노래

계곡을 벗어난 물보라가
바다를 향해 눈부시게 달린다

달리다 어느 날 산굽이에서
안개로 피어올라 호수에 내리고
다시 찬 서리 되어
산자락을 적시리

이 산정山頂에 올라 듣는다
흘러 흘러 낮은 자리 찾으며
신神을 찬미하는 폭포의 노래를.

그리스도 엘 그레코 1541-1614 그리스 출신 스페인 화가, 1595

서른셋 나이로 1

의로운 이는 아는도다
용서하는 이의 아름다운 부활을
내어놓는 이의 경이로운 승천을

가시관을 쓰고 십자가에 못 박혀
어떻게 알았을까?
이 빛나는 자유를

마음이 가난한 이는 아는도다
물질의 풍요 뒤에 모습을 숨긴
허무와 절망과 끝없는 불안을

베들레헴에서 태어난 목수의 아들이
서른셋 나이로 어떻게 알았을까?
이 심오한 비밀을.

산상설교 카를 하인리히 블로흐 1834-1890 덴마크, 1877

서른셋 나이로 2

한없이 주고도
주었음을 잊은
사랑은 기쁨인 것을

남김없이 주고도
받으려 하지 않는
사랑은 온유함인 것을

아낌없이 주고도
조용히 떠나보내는
사랑은 침묵인 것을

이 높은 하늘 이치를
어떻게 알았을까?
서른셋 나이로.

일요일 아침　에드먼드 레이턴 1853-1922 영국, 1891

공 던지는 소년에게

일요일 아침 집을 나서면
동구 앞에서 공 던지던 소년이
내 등 뒤에서 웃는다

믿지 못하면 우리가 어찌
고통 속에서 정의를 갈망하며
생명의 선善함을 노래할 수 있으리

믿지 못하면 우리가 어찌
원수를 용서할 수 있으며
사악한 자를 위해 기도할 수 있으리

잉카문명이 꽃피기 전부터
사람들은 왜 신神을 생각했을까?

내 등 뒤에서 공 던지는 소년아
이래도 키득키득 웃을 건가?

그리스도와 사마리아 여인 앙리 장 마르탱 1860-1943 프랑스

갈멜수도원 1
― 청빈

대도시 본당 주일미사
촛불 타오르는 하얀 제대
오색으로 빛나는 스테인드글라스

빈자리가 없어
벽에 기대선다

성체가 거양擧揚되는데
제단 위 사제가 아득히 멀다
이 외로움
이 소외감

그분 말씀이 그리울 때면
청빈으로 아름다운
갈멜수도원을 찾는다.

카르투지오회 수도사들의 명상 에티엔 조라 1699-1789 프랑스

갈멜수도원 2
— 침묵

평일 오후 시골 본당
뜰은 비어 있고
성당 문은 잠겼다

죽은 느티나무 위에서
저녁나절 까치가 울며 난다
이 쓸쓸함
이 적막감

새들이 둥지를 튼 낡은 종탑
그 포근함이 그리울 때면
침묵으로 아름다운
갈멜 수도원을 찾는다.

성촉절 마리안 스토커스 1855-1927 오스트리아, 1901

갈멜수도원 3
― 종과終課*

한 달에 한 번 올리는
공소公所미사
모두 모여 예닐곱 안팎

성작聖爵이 높이 오르는데
신부님 손등에 주름이 깊다
이 민망함
이 송구함

세상 아픔에 가슴 시릴 때면
종과의 여운을 잊을 수 없어
갈멜 수도원을 찾는다.

*終課 ; 가톨릭 수도원의 성무일과 중 마지막 기도.

교회 안에서 잠든 소녀 테오도르 자퀴 랄리 1852-1902 그리스

그때부터

선들바람 부는 넓은 초원에
높이 울타리를 둘러친
최초의 목동은 누구였을까?

그때부터 우리는
최후심판의 덤불에 갇혀
당신이 두려워졌습니다

옷자락에 매달려 응석을 부려도
웃기만 하셨지요

숲에서 길을 잃고 막막할 때면
말없이 다가와 손을 잡아주셨지요

그 시절이 그리워
서러워하다 잠이 듭니다.

녹색 자켓 아우구스트 마케 1887-1914 독일, 1913

내일 누군가를 만나면 1
— 인생

어제 만난 사람이 말했습니다
인생은
일엽편주—葉片舟이지요

오늘 만난 사람이 말했습니다
인생은
업보業報이지요

내일 만나게 될
누군가도 말하겠지요
인생은
한恨입니다.

경가극, 군인과 소녀 찰스 데무스 1883-1935 미국, 1915

내일 누군가를 만나면 2
— 인연

모퉁이길 돌다
만난 사람이
위안을 원했습니다

'말'이란 무엇인지요?
외로움을 감추려
그대 양복 주머니에 꽂은
노란 손수건이지요.

인연이란 또 무엇인지요?
고독의 위장이며
삶의 횡설수설이지요

부두에서 헬레네 슈즈프벡 1862-1946 핀란드

내일 누군가를 만나면 3
— 일엽편주—葉片舟

내일 누군가를 만나면
이제는 말해야겠지요

슬퍼하지 말아요
인생이 한恨인 것은
수다스레 쏟아내는 푸념이지요

인생이 업보業報인 것은
자신이 지은 거미집이지요

인생은 어차피 일엽편주
혼자 왔으니
혼자 떠나야지요.

청색 그림 맥스 봄 1868-1923 미국

내일 누군가를 만나면 4
— 그대의 신神

초겨울 창백한 달빛 아래
호수에 감도는 청색 적막
이토록 처절하고 통렬하게
시간이 정지된 순간의
순결과 만난 적이 있는지요?

그대가 풀잎처럼 대지의 꿈으로
그대가 꽃씨처럼 영원의 노래로
한없이 낮아지고 작아지면
생명의 신비가 그대 손목을 잡지요

그 순간
유년 시절 잃어버린
그대의 신을 만나게 되지요
달빛 아래 무릎 꿇어
신의 침묵을 사랑하게 되지요.

매화꽃 연분홍 사랑을 찾던 이여
내 혼은 불타는 유월의 붉은 꽃
님이여
알면 그대로
스쳐 가면 될 것을.

3
거문고 산조 散調

우화 ; 가을   마리아노 마엘라 1739-1818 스페인

가을 판타지   에밀 오귀스트 뺑샤르 1842-1924 프랑스, 1874

가을이면 가을마다

봄날 비에 젖었던 내 가슴 떨리고
온 여름 닫혔던 내 영혼 문을 열어
고운 빛 모두를 사랑하고파
가을이면 가을마다 앓는다

하늘이 하늘 끝까지 높아지고
땅이 땅 끝까지 깊어져
세상 모두가 사랑을 원하는데
나의 두 팔이 너무 짧아
가을이면 가을마다 앓는다

나를 보낸 이는 알까?
사랑의 몸짓으로 불타는 가을에
너무 많은 것을 사랑하려다
내 영혼이 입은 쓰라린 상처를.

낙엽의 계절   폼페오 마리아니 1857-1927 이탈리아, 1906

낙엽은

낙엽은
누이의 슬픈 사연을 닮은
서러운 추억이다

낙엽은
고향에 가고픈
여든의 어머니를 울리는
우물가 치자 빛 그리움이다

낙엽은
우리 모두를 서럽게 하는
갈색으로 쏟아지는
세월의 눈물이다.

불타는 유월 프레더릭 레이턴 1830-1896 영국, 1895

거문고 산조散調 1
— 길손

늦가을 저물녘 길손으로 들린 이여
눈비 맞은 옷자락에 얼굴을 묻었고야
사랑이
아픔인 줄을
그 순간엔 몰랐네

매화꽃 연분홍 사랑을 찾던 이여
내 혼은 불타는 유월의 붉은 꽃
님이여
알면 그대로
스쳐 가면 될 것을.

백일몽 앨버트 린치 1851-1912 페루

거문고 산조散調 2
— 암자 이름

모퉁이 돌다 문득 내 님을 만났고야
가던 길 미련 없이 뒤쫓아 따르건만
님은야
아랑곳없이
홀로 바삐 가시네

한 칸 방 내 암자에 촛불을 밝혀 두고
동자 시켜 뜰 아래 거문고 뜯게 했네
님이여
암자 이름을
아니 짓고 어이리.

신비한 보트 오딜롱 르동 1840-1916 프랑스, 1897

거문고 산조散調 3
— 행여

당신은 제 앞에 산으로 서옵소서
행여라도 새벽길 막아서며 매달려도
이 산은
거칠다 타이르고
지체 말고 가소서

당신은 제 앞에 바다로 넓으소서
행여라도 철없이 조각배 띄우려도
이 바단
섬 없다 나무라고
큰 뜻만 펴소서.

창가의 여인 토마스 폴락 안슈츠 1851-1912 미국, 1890

거문고 산조散調 4
— 어인 맘

불러도 대답 없다 님은 노해 나무라네
내 어이 그 마음 님만 못해 이럴손가
님이야
알기나 할까
지새우는 이 밤을

님 만나 얻은 소망 멀고도 먼 길인데
님 만나 깨친 사랑 설움이 되었고야
이런 줄
미리 안 님이
일러 못 줌 어인 맘.

무희들 아서 프랭크 매튜스 1860-1945 미국

오랜 세월

가락에 맞춰 춤을 추며
얼마나 오랜 세월 흥겨웠던지요

진달래 꽃길 누비며
얼마나 오랜 세월 즐거웠던지요

달밤에 배 띄우고 술잔 돌리며
얼마나 오랜 세월 흥청댔던지요

날은 저물고 비바람 사나운데
이 아픔 어찌하면 좋은지요?

구름 그림자 윈슬로 호머 1836-1910 미국, 1890

뜬구름

너울처럼 피어오르는
뜬구름을 본다

우리네 슬픈 이별을 닮았는가?
두둥실 흰 구름 동산을 넘으니
비 소식을 머금은 새털구름이
산마루에 걸려 흐느낀다

덧없이 흐르는 뜬구름 인생
오늘 이별인 우리
내일 어느 항구의 그늘막에서
다시 만날 수 있을까?

울타리에 기댄 소녀   니콜라이 카사트킨 1859-1930 러시아, 1893

가을꽃 소녀에게

해가 서산에 걸리니
간이역에 산 그림자 내리고
산촌이 강물에 얼굴을 묻는다

이 적막한 저물녘
기적소리 산모퉁이 돌아서는데
소녀가 하염없이 서 있다

무정하고 야속한들 어떠리
기다리면 기적奇跡이 달려오리니

가을꽃 소녀야
막차가 올 때까지
한 송이 꽃으로 피어 있어라.

발코니에서 프레더릭 칠드 하삼 1859-1935 미국, 1888

잃어버린 고향 1

우리에게도 고향이 있었지
낙동강 맑은 물에 새벽 배 띄우고
관세음보살을 부르던
할머니의 고향
박꽃처럼 희던 고향

우리에게도 고향이 있었지
언덕 위 종탑에서 저녁 종 울리면
흙손 마주 잡고 삼종경* 바치던
어머니의 고향
풀꽃처럼 곱던 고향

유채꽃 봄날처럼 아름답던 고향이
오늘따라 너무 그립다.

---

*삼종경三鐘經 : 가톨릭에서 아침 6시, 정오, 저녁 6시에 바치는 기도

파리의 거리 장 조지 베로 1848-1935 프랑스, 1882

잃어버린 고향 2

시청 광장에
땅거미 내릴 무렵

지하도 네거리에서 갈팡질팡
신호등 푸른빛에 우왕좌왕
고향을 잃은 사람들이 허둥댄다

우리가 떠나온 고향
서울역 광장에서 잃어버린 고향

그리운 친구는 어디 있는지
동구 밖 장승 옆 달맞이꽃은
오늘도 노랗게 피어 있는지.

햇빛 속에서 장 만하임 1861-1945 미국

지금은 나도

가지 넓은 과수 아래 풀꽃 하나
꽃잎을 열어 하늘거릴 때
함께 가슴이 뛰었지

어느덧 날이 저물자
소꿉친구가 먼저 떠나며
삶과 죽음이 하나라 일러주네

사무치는 그리움 가슴에 품고
지금은 나도
죽음과 삶이 하나임을 아네.

꽃을 꺾으며 피에르 브루유 1857-1917 프랑스, 1912

이해하실 거야

사립문 비켜놓고
풀 몇 줌 뽑았더니
하루가 꿈결같이 지나갔구나

부대끼고 휘몰렸던 세월
어느 날 툭툭 끊어 젖히고
산촌에 오두막 짓고 삼 년 석 달

꽃향기에 취해 강변을 휘돌다
삼종경三鍾經* 시간을 놓쳤구나
하느님은 웃으시며
이해하실 거야.

---

*삼종경三鍾經 : 가톨릭에서 아침 6시, 정오, 저녁 6시에 바치는 기도

수녀원 정원의 초심자 루이 호킨스 1849-1910 프랑스, 1890

나목처럼

서풍이 불면 겨울잠 자고
훈풍이 불면 새순으로 돋는
나목처럼 지혜롭게 하소서

바람이 멈추면 잠잠하고
바람이 불면 춤추는
나목처럼 정직하게 하소서

수양버들 가지처럼
여리고 아름답게

낙엽송 가지처럼
버려진 듯 조용하게

나목처럼 아름다운
고요이게 하소서.

영혼, 더 나은 세계를 향해 루이 팔레로 1851-1896 스페인, 1894

두려움 없이

젊은 날 사랑의 갈등은
성숙을 위한 인내의 시간

노년의 외로운 밤은
보속補贖을 위한 기도의 시간

모든 날을 허락하셨으니
부르시면 기꺼이 나아가리다

거듭 태어나기 위해
꽃은 바람에 날리고
열매는 땅에 떨어지느니

죽음이 창밖에서 머뭇거리면
두려움 없이 문을 열게 하소서

젊고 당당하던 그대가
감금당한 여공을 구출하려다
적군의 산탄散彈 아래 전사하던 날
그때 나는
누구와 있었던가.

4
슬픈 기억

우화 ; 겨울 마리아노 마엘라 1739-1819 스페인

계절의 끝, 바다를 바라보며 프란체스코 갈루프 1848-1901 스페인

때를 놓치고

바닷속 진주를 캐기 위해
뛰는 가슴으로 떠나야 하지요

풍랑에 돛대 부러져
망망대해를 떠다니게 된다 해도
신천지를 꿈꾸며 떠나야 하지요

계절이 끝난 해변에서
때를 놓친 나는
지금 너무 슬퍼요.

대화 중인 농부 블라디슬라프 루트코프스키 1841-1905 폴란드, 1896

시인이 떠나면

그대가 거리의 춤꾼 되어 떠나니
우리의 절망을 어이 감추리

오색 꽃밭 위에 하늬바람 일면
누가
우리 슬픔을 시로 읊어
무너진 꿈을 위로해주리

연두색 들녘에 무서리 내리면
누가
초록 죽음을 시로 읊어
우리 눈물을 진주로 엮어주리.

갈매기 앨버트 무어 1841-1893 영국, 1871

이 바람은?

우리가 함께 열망하면
잠든 혼 깨워 땅을 갈아엎는
봄날 광풍일 수 있으리

우리가 함께 열망하면
푸른 열매를 붉게 익히는
여름날 열풍일 수 있으리

그대가 돛을 펼칠 때
나는 백사장을 거닐었느니

그대와 나 사이 외로이 떠도는
이 바람의 이름은?

설익은 자존심이 아니기를
자기自己로 빛나는 깃발이기를.

사슴 코츠카 티바다르 1853-1919 헝가리, 1893

사슴목장에서

황금 가을을 탐하여
그대가 이삭까지 쓸어간다면
용서할 수 없는 탐욕이 아니리

아름다운 왕관을 원하는지?
선한 눈망울의 사슴처럼
풀잎만 먹으면 되리

어진 왕이 되기를 원하는지?
유유히 풀밭을 거닐며
하늘 한번 우러르면 되리

그대를 사랑하는 아픔이 깊어
그대를 용서하려 하니
사슴의 자유는 사슴에게 돌려주라.

눈 덮인 마을 폴 고갱 1848-1903 프랑스

눈 내린 날 아침

눈 내린 날 아침 보았는지요?
봄을 기다리는 마른 가지들이
눈꽃 아래서 두런거리며
삼월의 단비를 기다리고 있지요

눈 내린 날 아침 들었는지요?
자유를 열망하는 풀씨들이
차디찬 눈밭 아래 모여
구슬픈 노래를 부르고 있지요

눈 내린 날 아침 그대가
황홀한 시선으로 눈꽃을 바라볼 때
우리는 그대 등 뒤에서
검은 대지의 슬픔을 느낍니다.

멜랑콜리 장 자크 에네 1829-1905 프랑스

슬픈 기억 1
— 그때 누구와

감금당한 여공女工을 구출하려다
젊고 당당하던 그대가
적군의 산탄散彈 아래 전사하던 날
나는 그때 누구와 있었던가?

푸른 숲 언저리를 서성이며
군사우편을 기다리고 있었던가?
융단이 깔린 찻집에서
베토벤의 비창悲愴을 듣고 있었던가?

추적추적 비 내리는 결심공판 날
붉으락푸르락 함성에 떠밀려
증인석에서 밀려났느니

그날의 분노가 지워지지 않아
지금도 너무 슬프다.

풍경속 모습 시어도어 로빈슨 1852-1896 미국, 1887

슬픈 기억 2
— 그때 어디에

고향이 그리운 어린 여공에게
외출금지령이 내려지던 날
나는 그때 어디에 있었던가?

공단 골목길을 빠져나와
나룻배를 기다렸던 나는
훗날 어찌 말할 수 있으랴

악덕과 부덕이 등을 맞대고
비행과 비방誹謗이 언성을 높여
서로 맞잡고 치열하게 다투니

어느 쪽도 용납할 수 없었던
내 슬픔이 얼마나 컸던가를.

사회부 K기자

조간신문을 펼칠 때마다
유괴범을 쫓아 산속을 헤매다
선술집 탁자 위에 쓰러져 있을
그대 모습 떠올라 슬프다

그대 기자정신은
붉은 볼펜으로 정정訂正 당했지
그대 정의는
국장단 회의실에서 묵살默殺 당했지
그대 자유는
휴지가 되어 광화문에 펄럭였지

― 우리를 사악邪惡케 하는 것은
　　법조문의 한계인가
　　재판관의 횡포인가

― 우리를 두렵게 하는 것은
　　청소년의 탈선인가
　　어른들의 방종인가

― 우리를 가난케 하는 것은
　체제의 모순인가
　가진 자의 탐욕인가

― 우리를 분노케 하는 것은
　민중의 무지인가
　권력의 오만인가

아픈 질문들 수없이 쏟아내던
수습기자 시절의 그대는
맑고 밝고 깨끗했었다

조간신문을 펼칠 때마다
새벽 선술집에서
구겨진 원고지가 되어 있을
그대 모습 떠올라 너무 아프다.

K기자의 주정 酒酊

비 내리는 광화문 네거리
최루탄 가스
화염병 파편
아리고 쓰라린 것이
눈물이 되어 그대 잔을 적신다

— 우리가 왜
　부패할 권력의 전초병으로
　빛나는 청춘을 포기해야 하는가?

— 우리가 왜
　화장한 독재자의 소모품으로
　아름다운 꿈을 헌납해야 하는가?

— 우리가 왜
　국가주의의 하수인으로
　타인의 자유를 짓밟아야 하는가?

― 우리가 왜
　민족주의의 우물에 갇혀
　자폐증 환자로 죽어가야 하는가?

주정을 받아 줄 선배가 있어
그대는 밤마다 술에 젖어 아프고
주정을 받아 줄 선배가 없어
나는 밤마다 맨가슴으로 앓는다

그대와 나 사이 이 저녁 술잔에
적막한 세월 일천 날의 차이가
눈물이 되어 흘러넘친다.

레스토랑에서 장 루이 포랭 1852-1931 프랑스, 1885

이 시대의 이별

그대가 어찌
내 꿈을 이해하랴

내가 어찌
그대 아픔을 헤아리랴

그대가 아침 햇살로 반짝일 때
나는 가을 풀밭 적시는
푸른 안개였느니

이 시대의 우리는
슬퍼하며 눈물을 감추고
그리워하며 이별을 고집한다.

검은 옷 남자와 흰 옷 여인 닐슨 다르델 1888-1943 스웨덴, 1919

재판

포도주를 훔친 중독자가 진술한다
— 내가 외로움에 떨고 있을 때
    포도주 여신女神만이 다정했느니

젊은 검사가 증언한다
— 당신은 외로움을 가장하여
    포도주의 달콤함에 영혼을 팔았느니

갑자기 방청석이
편싸움으로 소란스럽다

— 아, 제가 잘못 생각했군요.

우리는 왜
이 한마디 하기를 두려워하는가?
오늘 재판은 휴정이다.

그녀의 첫 일자리 조지 던롭 레슬리 1835-1921 영국

도시로 떠난 소녀에게 1

도시로 떠나며 소녀가 말했다
— 성공해서 돌아올게요

소녀야 기억하거라
포도덩굴 순을 치던 손을 놓고
먼 산 바라보는
아버지 기다림을

사랑채 여물 솥에 불을 지피다
사립에 기대선
어머니 기다림을

돌아갈 고향이 있다는 것은
감사할 일이느니.

바위에 앉아 편지 읽는 소녀   에드윈 랜시어 1802-1873 영국

도시로 떠난 소녀에게 2

기다리던 소식이 왔다
— 두렵고 외로워요

소녀야 기억하거라
실상 이 세상은
두려워하기보다는
기뻐할 일이 더 많느니

탄식하기보다는
감사할 일이 더 많느니

너를 떠나보낸
고향의 가난을 용서하거라.

신비로운 강물결 따라 에드워드 헨리 포타스트 1857-1927 미국

낚시꾼의 기다림

호수에 금물결 반짝이니
그리움이
물안개로 피어오른다

그대여 어디 있는가?
강 너머 마을에
저녁연기 오르는데

그대여 언제 오려는가?
적막이 밤비 되어
강촌을 적시는데

우수의 가을에 빈 배를 지키며
낚시꾼이 돌아갈 줄을 모른다.

□ 책 끝에

노란 소리 알렉세이 야블란스키 1864-1941 러시아, 1907

그림으로 쉼표를 찍다

불현듯 생각나 묵은 시집을 펼쳤습니다.
차마 버릴 수 없어 다듬기를 반복하노라니
그때 아득한 곳에서 들려왔습니다.
"쉬어갈 줄도 알아야 하느니."
용기를 얻어 그림으로 쉼표를 찍었습니다.

어려운 작업 맡아준 이미숙 후배와 인간과문학사에 감사드립니다.

2021년 초겨울 용인 성지골에서 이정옥